G.O.A.T. EN EL ATLETISMO

USAIN BOLT, JACKIE JOYNER-KERSEE Y MÁS

JOE LEVIT

ediciones Lerner ◆ Mineápolis

ediciones Lerner
Una división de Lerner Publishing Group, Inc.
241 First Avenue North
Mineápolis, MN 55401, EE. UU.

Si desea averiguar acerca de niveles de lectura y para obtener más información, favor consultar este título en www.lernerbooks.com.

Fuente del texto del cuerpo principal: Aptifer Sans LT Pro.
Fuente proporcionada por Linotype AG.

Library of Congress Cataloging-in-Publication Data

Names: Levit, Joe, 1973–author.
Title: G.O.A.T. en el atletismo : usain bolt, jackie joyner-kersee y más / Joe Levit.
Other titles: Track and field's G.O.A.T. Spanish | Track and field's greatest of all time
Description: Minneapolis : ediciones Lerner, 2024. | Series: Lerner sports en español. Lo mejor del deporte de todos los tiempos | Includes bibliographical references and index. | Audience: Ages 7–11 | Audience: Grades 2–3 | Summary: "On your mark! Get ready to sprint, jump, and throw alongside the fiercest competitors in track and field history. Discover amazing stats, thrilling comebacks, and athletes who shattered barriers. Now in Spanish!"—Provided by publisher.
Identifiers: LCCN 2023057377 (print) | LCCN 2023057378 (ebook) | ISBN 9798765624029 (library binding) | ISBN 9798765627969 (paperback) | ISBN 9798765631065 (epub)
Subjects: LCSH: Track and field athletes—Biography—Juvenile literature.
Classification: LCC GV697.A1 L484 2024 (print) | LCC GV697.A1 (ebook) | DDC 796.42—dc23

Fabricado en los Estados Unidos de América
1-1010043-51852-12/21/2023

CONTENIDO

	¡EN TUS MARCAS!	4
	DATOS DE INTERÉS	5
N.° 10	WILMA RUDOLPH	8
N.° 9	SERGEY BUBKA	10
N.° 8	EMIL ZATOPEK	12
N.° 7	PAAVO NURMI	14
N.° 6	BABE DIDRIKSON ZAHARIAS	16
N.° 5	JACKIE JOYNER-KERSEE	18
N.° 4	JESSE OWENS	20
N.° 3	USAIN BOLT	22
N.° 2	FANNY BLANKERS-KOEN	24
N.° 1	CARL LEWIS	26
	TU G.O.A.T.	28
	ALGUNOS DATOS SOBRE EL ATLETISMO	29
	GLOSARIO	30

¡EN TUS MARCAS!

El atletismo es uno de los deportes más viejos del mundo. Los Juegos Olímpicos comenzaron en Grecia en el año 776 a. C. Los hombres competían en eventos tales como carreras, lanzamiento de disco y salto de longitud. Pero las mujeres no tenían permitido participar. Las mujeres pudieron competir finalmente en el atletismo olímpico en el año 1928. Los Juegos han continuado evolucionando con el tiempo.

DATOS DE INTERÉS

WILMA RUDOLPH ganó tres medallas de oro en las Olimpíadas de 1960.

El récord mundial de **PAAVO NURMI** en la carrera de 10 000 metros se mantuvo durante casi 13 años.

JACKIE JOYNER-KERSEE mantiene las seis puntuaciones más altas en el heptatlón.

CARL LEWIS ganó cuatro medallas de oro seguidas en el salto de longitud.

Elegir al mejor de todos los tiempos (G.O.A.T.) es una tarea difícil. Han cambiado muchas cosas en el atletismo con los años. El equipo moderno, como el calzado y la ropa, es mucho más liviano de lo que era. El Campeonato Mundial de Atletismo se lleva a cabo cada dos años en lugar de cada cuatro. Se han prohibido las sustancias que mejoran el rendimiento, como los esteroides.

Por fortuna, las superestrellas tienen algunas cosas en común. Marcan récords mundiales. Ganan medallas de oro olímpicas. Sus nombres están en el Salón de la Fama. Y la mayoría de ellas sobresalieron en eventos tanto en las pistas como en el campo. Puede que no conozcas todos los nombres de este libro. Es posible

Una corredora salta por encima de una valla.

La pértiga se dobla cuando levanta a una atleta en el evento de salto con pértiga.

que sientas que alguien importante quedó afuera, como Allyson Felix, Michael Johnson o Florence Griffith Joyner. Tus amigos pensarán que su lista de G.O.A.T. es mejor. Eso está bien. ¡No estar de acuerdo es parte de la diversión! En este libro lo importante es hablar sobre los mejores atletas del mundo.

WILMA RUDOLPH

Wilma Rudolph tuvo una infancia difícil. Sufrió de escarlatina. La poliomielitis le impidió caminar hasta los cinco años. Los médicos pensaron que Rudolph no caminaría nunca sola nuevamente. Pero ella nunca se dio por vencida. Para los 12 años, podía caminar sin soporte. Y para los 16, estaba compitiendo en el equipo de EE. UU. en los Juegos Olímpicos de 1956. Su equipo de relevos ganó una medalla de bronce.

En las Olimpíadas de 1960, Rudolph estuvo imparable. Entró en tres eventos: la carrera de velocidad de 100 metros, la carrera de velocidad de 200 metros y la carrera con relevos de 4 × 100 metros. Ganó medallas de oro en las tres competencias, y cada uno de sus tiempos marcó un récord olímpico. La multitud estaba cautivada por su velocidad. Sus trancos largos le ayudaron a dejar atrás a las demás en la pista.

ESTADÍSTICAS DE WILMA RUDOLPH

► Ganó cuatro medallas olímpicas, tres de ellas de oro.

► Marcó tres récords olímpicos en 1960.

► Ganó el premio a la Deportista Femenina del Año de Associated Press (AP) en 1961.

► Se la nominó para el Salón de la Fama de la Federación Internacional de Atletismo Amateur (IAAF) en 2014.

SERGEY BUBKA

Las presentaciones de Sergey Bubka en salto con pértiga eran audaces. Conquistó seis medallas de oro seguidas en los campeonatos mundiales. Ningún otro atleta lo hizo en un solo evento. Con el uso de su fuerza y velocidad, Bubka pasó por encima de la barra transversal a grandes alturas. Logró su primer récord mundial en 1984. Luego pasó una década elevando las exigencias en los récords bajo techo y en el exterior. ¡En ambas

marcas superó los 20 pies (6 m)! Tuvieron que pasar 26 años para que se superara su récord en el exterior.

Bubka ganó una medalla de oro para la Unión Soviética (un expaís que incluía a Rusia) en las Olimpíadas de 1988. Sin embargo, su carrera olímpica podría haber sido más brillante. No pudo agregar medallas a su lista en los Juegos Olímpicos de 1984 porque la Unión Soviética boicoteó el evento que tuvo lugar en Los Ángeles, California. No pudo ganar una medalla en 1992. Bubka tuvo una lesión en el tobillo en las Olimpíadas de 1996. Y en los Juegos Olímpicos del año 2000 fue eliminado de la final.

ESTADÍSTICAS DE SERGEY BUBKA

- ► Ganó una medalla de oro olímpica.

- ► Ganó 10 medallas de oro en campeonatos mundiales.

- ► Marcó el récord mundial de salto con pértiga en el exterior 17 veces.

- ► Marcó el récord mundial de salto con pértiga bajo techo 18 veces.

- ► Fue nominado para el Salón de la Fama de la IAAF en 2012.

EMIL ZATOPEK

El riguroso entrenamiento de Emil Zatopek lo preparó para el éxito. El checoslovaco ganó la medalla de oro de los 10 000 metros en las Olimpíadas de 1948. Pero es más conocido por ganar tres carreras en las Olimpíadas de 1952. Primero ganó los 10 000 metros por casi 16 segundos, marcando un récord olímpico. En la carrera de los 5000 metros, tuvo que hacer un último esfuerzo a toda velocidad hasta la línea de llegada para ganar una medalla.

Su último evento fue la maratón. Zatopek nunca antes había corrido una. Cuando había transcurrido una hora de la carrera, se acercó a Jim Peters de Gran Bretaña. Peters era el titular del récord mundial en maratón. Zatopek le preguntó a Peters si el ritmo era demasiado rápido. Peters intentó engañar a Zatopek y le dijo que era demasiado lento. El plan produjo el efecto contrario. Zatopek aumentó la velocidad y dejó a Peters atrás. Ganó la carrera por más de dos minutos, otro récord.

ESTADÍSTICAS DE EMIL ZATOPEK

► Ganó cinco medallas olímpicas, cuatro de ellas de oro.

► Ganó las carreras de los 5000 metros, los 10 000 metros y la maratón en una Olimpíada.

► Marcó 18 récords mundiales en carreras.

► Desarrolló un sistema especial para respirar que le ayudó a correr carreras largas.

► Fue nominado para el Salón de la Fama de la IAAF en 2012.

PAAVO NURMI

Paavo Nurmi era el mejor de los Flying Finns, un grupo brillante de corredores de Finlandia. Corría largas distancias a velocidades superrápidas. Nurmi encontró por primera vez el éxito Olímpico en 1920. Ganó medallas de oro en la carrera de los 10 000 metros, además de en la individual y en equipo en los eventos a campo traviesa. También terminó segundo en la carrera de 5000 metros.

La gloria mayor de Nurmi llegó durante las Olimpíadas de 1924. Ganó los eventos a campo traviesa individual y en equipo. Terminó primero en la carrera de 1500 metros, en el evento en equipo de 3000 metros y en el evento de 5000 metros. También quería participar en la carrera de 10 000 metros, pero los funcionarios finlandeses no se lo permitieron. Tenían miedo de que correr una distancia tan larga arruine su salud. Nurmi estaba furioso. Pronto marcó el récord mundial de los 10 000 metros en París, Francia. El récord se mantuvo durante casi 13 años.

Nurmi ganó la carrera de los 10 000 metros nuevamente en las Olimpíadas de 1928. Se aseguró medallas de plata en la carrera con obstáculos y en los 5000 metros.

ESTADÍSTICAS DE PAAVO NURMI

- ▶ Ganó doce medallas olímpicas, nueve de ellas de oro.

- ▶ Se convirtió en el primer atleta en ganar cinco medallas de oro en una Olimpíada.

- ▶ En menos de una hora, ganó las carreras de 1500 metros y de 5000 metros.

- ▶ Marcó 22 récords mundiales en carreras.

- ▶ Fue nominado para el Salón de la Fama de la IAAF en 2012.

BABE DIDRIKSON ZAHARIAS

Babe Didrikson Zaharias fue una deportista asombrosa. Era grandiosa en el baloncesto y una golfista profesional superior. Pero sus habilidades para el atletismo eran aún mayores. Compitió en los campeonatos de la Unión de Atletismo Amateur (AAU) en 1932, donde la mayoría de las mujeres competía en equipos. Zaharias estaba sola, de modo que se le permitió participar en más eventos. Marcó un récord mundial en tres de ellos. Las atletas ganaban puntos según su rendimiento en

diferentes eventos. ¡Con 30 puntos, hizo 8 puntos más que el equipo en segundo lugar, que tenía 22 atletas!

Zaharias ejerció su dominio en los Juegos Olímpicos en representación de Estados Unidos. Se clasificó en cinco eventos. Pero, debido a las reglas, solo pudo entrar en tres. Marcó un récord mundial en la carrera de 80 metros vallas y ganó el lanzamiento de jabalina. En el salto de altura empató con la compañera de equipo Jean Shiley. Ambas habían marcado un nuevo récord mundial. Pero los jueces determinaron que el salto final de Zaharias era ilegal porque el movimiento se iniciaba con la cabeza. Aunque Shiley ganó la medalla de oro, Zaharias se llevó dos medallas de oro propias.

ESTADÍSTICAS DE BABE DIDRIKSON ZAHARIAS

- ▶ Ganó tres medallas olímpicas, dos de ellas de oro.

- ▶ Ganó el primer lugar en el salto de longitud, lanzamiento de bala y lanzamiento de béisbol en el campeonato de la AAU de 1932.

- ▶ Es la única atleta que ganó una medalla olímpica en eventos de carrera, salto y lanzamiento.

- ▶ La AP la nombró la Deportista Femenina Más Grande de la Primera Mitad del siglo XX.

- ▶ Fue nominada para el Salón de la Fama de la IAAF en 2012.

JACKIE JOYNER-KERSEE

Jackie Joyner-Kersee era una deportista especial. Era buena en todo lo que hacía. Y debía serlo para competir en heptatlones. Estas competencias están compuestas por tres carreras, dos eventos de lanzamiento y dos eventos de salto. Se suman las puntuaciones de cada evento para determinar al ganador general. El primer heptatlón olímpico se llevó a cabo en 1984. Joyner-Kersee estuvo a la cabeza hasta la prueba final. Pero la

australiana Glynis Nunn la superó por menos de tres segundos en la carrera de 800 metros. Nunn ganó por 6390 puntos a 6385, y Joyner-Kersee tuvo que conformarse con la medalla de plata.

Después de esa derrota estrecha, Joyner-Kersee dominó en el heptatlón. Su mayor triunfo fue durante las Olimpíadas de 1988. Anotó la asombrosa cantidad de 7291 puntos. Hasta la fecha, son 260 puntos más que lo que nadie más ha anotado en esa competencia. Los deportistas solo han superado los 7000 puntos en el heptatlón 10 veces. ¡El nombre de Joyner-Kersee está en los primeros seis lugares!

ESTADÍSTICAS DE JACKIE JOYNER-KERSEE

- ▶ Ganó seis medallas olímpicas, tres de ellas de oro.

- ▶ Ganó cuatro medallas en campeonatos mundiales, todas ellas de oro.

- ▶ *Sports Illustrated* la nombró la Deportista Femenina Más Grande del siglo XX.

- ▶ Fue la segunda mejor mujer en salto de longitud de todos los tiempos.

- ▶ Fue nominada para el Salón de la Fama de la IAAF en 2012.

JESSE OWENS

Jesse Owens hizo algo increíble en los campeonatos Big Ten en 1935. Y lo hizo en 45 minutos. En primer lugar, igualó el récord mundial en la carrera de velocidad de 100 yardas. Luego rompió los récords mundiales de salto de longitud, la carrera de velocidad de 220 yardas y la carrera de 220 yardas vallas.

En las Olimpíadas de 1936 en Alemania, Owens, en representación de Estados Unidos, tuvo un rendimiento asombroso a pesar de la presión enorme. En 1933, Adolf Hitler había llegado al poder en Alemania. Hitler estaba propagando el odio hacia muchas personas, incluidas las personas negras. Hitler creía que los alemanes blancos eran superiores como deportistas y como seres humanos. Quería que los deportistas alemanes blancos dominaran en las Olimpíadas para probar que estaba en lo cierto. Pero en su lugar, Hitler observó como Owens demostraba que estaba equivocado. Owens ganó medallas de oro en los 100 metros, los 200 metros, en la carrera de relevos de 4 × 100 metros y el salto de longitud. Se alzó en favor de sí mismo y de muchos otros contra el odio.

ESTADÍSTICAS DE JESSE OWENS

- Ganó cuatro medallas olímpicas en 1936, todas ellas de oro.

- Marcó tres récords mundiales y empató o superó nueve récords olímpicos en las Olimpíadas de 1936.

- Marcó cinco récords mundiales e igualó otro récord mundial en un lapso de 45 minutos en la universidad.

- Su récord mundial en salto de longitud duró 25 años.

- Fue nominado para el Salón de la Fama de la IAAF en 2012.

USAIN BOLT

En inglés, el apellido de Usain Bolt captura a la perfección quién es: un relámpago. Bolt comenzó por primera vez a abrirse camino en los libros de los récords en 2008. Ese fue el momento en el que marcó un récord mundial en los 100 metros. Rompió su propia marca más adelante ese año en las Olimpíadas. Pero Bolt no terminó allí. También rompió el récord mundial de los 200 metros y ayudó a ganar la carrera de 4 × 100 metros.

En las Olimpíadas de 2012, el jamaiquino registró el mismo triunfo triple. También rompió su propio récord olímpico en los 100 metros y ayudó a romper el récord mundial en la carrera de 4 × 100 metros. También ganó las mismas tres carreras de velocidad en las Olimpíadas de 2016. Bolt mantiene el récord mundial en las carreras de velocidad de 100 metros (9,58 segundos) y 200 metros (19,19 segundos).

ESTADÍSTICAS DE USAIN BOLT

- ► Ganó ocho medallas olímpicas, todas ellas de oro.

- ► Ganó catorce medallas en campeonatos mundiales, once de ellas de oro.

- ► Ganó seis veces el premio al Mejor Atleta del Mundo de la IAAF.

- ► Ganó las carreras de los 100 metros y los 200 metros en tres Olimpíadas consecutivas.

FANNY BLANKERS-KOEN

Fanny Blankers-Koen se perdió las Olimpíadas de 1940 y 1944 durante su mejor momento deportivo. Esos juegos se cancelaron debido a la Segunda Guerra Mundial (1939–1945). Tuvo que esperar hasta las Olimpíadas de 1948. Para entonces, Blankers-Koen tenía 30 años. Muchos atletas olímpicos están retirados a esa edad. Blankers-Koen estaba casada y tenía dos hijos, pero igualmente dominó la competencia en Londres. Al hacerlo, ayudó a cambiar los estereotipos sobre las atletas femeninas.

En ese momento, a las mujeres se les permitía participar en solo tres eventos individuales en las Olimpíadas. Esta política injusta hacía que fuera imposible para muchas atletas femeninas alcanzar su máximo potencial. Blankers-Koen ganó fácilmente la carrera de velocidad de 100 metros. Luego ganó la carrera de 80 metros vallas y la carrera de velocidad de 200 metros. También fue parte del equipo ganador de relevos de 4 × 100 metros. Pero debería haber ganado más medallas de oro. Tuvo que quedarse afuera del salto de altura y del salto de longitud a pesar de tener el récord mundial en ambas categorías. Aun así, terminó su carrera con 12 récords mundiales.

ESTADÍSTICAS DE FANNY BLANKERS-KOEN

► Ganó cuatro medallas olímpicas, todas de oro, para Países Bajos.

► Ganó ocho medallas en campeonatos europeos, cinco de ellas de oro.

► La IAAF la votó como Atleta Femenina del Siglo.

► Es una de las pocas atletas en ganar la Orden Olímpica, el honor más alto entregado por el Comité Olímpico Internacional.

► Fue nominada para el Salón de la Fama de la IAAF en 2012.

CARL LEWIS

Carl Lewis estuvo a la altura de las expectativas. Ganó cuatro medallas de oro en las Olimpíadas de 1984. Ganó las carreras de velocidad de 100 metros y de 200 metros, el salto de longitud y la carrera con relevos de 4 × 100 metros. En las Olimpíadas de 1988, Lewis obtuvo la medalla de oro de los 100 metros cuando un competidor fue descalificado. Lewis se llevó la medalla de plata en los 200 metros. Y volvió a ganar en salto de longitud.

En los Campeonatos Mundiales de 1991, Lewis y Mike Powell, ambos de Estados Unidos, estaban los dos intentando vencer el récord de salto de longitud del estadounidense Bob Beamon, que databa de 23 años atrás. Esta batalla los lanzó a nuevas distancias. En su cuarto salto de ese día, Lewis superó a Beamon. Pero la prueba no se tuvo en cuenta. El viento soplaba por encima del límite permitido. A continuación, Powell se anotó en los libros de récords. Su salto fue de 29 pies y 4 pulgadas (8,95 m) y no ha sido superado en 29 años. Lewis no pudo alcanzar a Powell ese día.

Pero sí saltó 29 pies en tres intentos seguidos. Lewis tiene cinco de los diez mejores saltos de longitud de todos los tiempos, el récord de salto de longitud bajo techo y cuatro medallas de oro olímpicas en salto de longitud seguidas. ¡Ningún otro hombre siquiera las ha ganado dos veces!

ESTADÍSTICAS DE CARL LEWIS

► Ganó diez medallas olímpicas, nueve de ellas de oro.

► Ganó diez medallas en campeonatos mundiales, ocho de ellas de oro.

► La IAAF lo votó como Atleta Masculino del Siglo.

► El Comité Olímpico Internacional lo nombró Deportista del Siglo.

► Fue nominado para el Salón de la Fama de la IAAF en 2012.

TU G.O.A.T.

ES TU TURNO DE HACER UNA LISTA DE LOS G.O.A.T. DEL ATLETISMO. Gana esta competencia comenzando con alguna investigación. Considera cuidadosamente las clasificaciones de este libro. A continuación, consulta la sección Más Información en la página 31. Allí verás libros y sitios web en los que puedes obtener más información sobre las mejores estrellas del atletismo del pasado y del presente. Consulta en la biblioteca si hay otros recursos que puedas ver. Incluso podrías consultar a algunas estrellas del atletismo actual y preguntarles quiénes piensan que son los mejores.

Una vez que estés listo, haz tu lista de los mejores en el atletismo de todos los tiempos. A continuación, pide a tus amigos que hagan sus propias listas y compárenlas. ¡Háblales e intenta convencerlos de que tu lista tiene a los mejores **G.O.A.T.**!

ALGUNOS DATOS SOBRE EL ATLETISMO

▶ Durante el período más prolongado del récord mundial de Usain Bolt en la carrera de 100 metros, corría a 27,8 miles (44,7 km) por hora. Esto es apenas más rápido que la velocidad final de un elefante y apenas más lento que la velocidad final de un ciervo de cola blanca.

▶ Las balas para el lanzamiento pesan 16 libras (7,3 kg). Es el peso aproximado de una bola de boliche profesional. Eso significa, en última instancia, que el estadounidense Randy Barnes lanzó una bola de boliche más de 75 pies (23 m) por el aire durante su intento de lanzamiento de bala en el que rompió un récord mundial.

▶ El checo Jan Zelezny arrojó la jabalina 323 pies (98 m) y marcó un récord mundial. Esa es la longitud de más de siete autobuses escolares de tamaño grande estacionados uno atrás del otro.

▶ Kendra Harrison rompió el récord mundial en la carrera 100 metros vallas en 2016. El récord previo se había mantenido durante 28 años. Harrison hizo el recorrido en un tiempo de 12,2 segundos.

GLOSARIO

boicotear: negarse a hacer algo como señal de desaprobación

carrera con obstáculos: una carrera a pie larga sobre obstáculos y un salto con fosa

clasificarse: tener un desempeño suficientemente bueno para entrar en un evento

descalificado: cuando un atleta no tiene permitido competir o cuando se retira un resultado porque el atleta hizo algo mal

disco: cuerpo circular pesado que por lo general está hecho de madera o plástico y que se lanza una distancia como parte de un evento de atletismo

estereotipo: una idea fija sobre un grupo de personas que puede ser verdadera o no

heptatlón: una competencia en la que los deportistas compiten en siete eventos diferentes: la carrera de 110 metros vallas, el salto de altura, el lanzamiento de bala, la carrera de velocidad de 200 metros, el salto de longitud, la jabalina y los 800 metros

jabalina: una varilla delgada que se lanza una distancia en una competencia de atletismo

maratón: una carrera a pie de 26,2 millas (42 km)

relevo: una carrera entre equipos en la que cada miembro del equipo cubre una parte del trayecto

MÁS INFORMACIÓN

Gitlin, Martin. *Olympic Track and Field Legends.* Mankato, MN: Black Rabbit, 2021.

Hoena, Blake. *Jesse Owens: Athletes Who Made a Difference.* Mineápolis: Lerner Publications, 2020.

Levit, Joe. *Babe Didrikson Zaharias: Multisport Superstar.* Mineápolis: Lerner Publications, 2021.

Olympic Games
https://www.olympic.org/olympic-games

United States Track and Field
https://www.usatf.org/

World Athletics Hall of Fame
https://www.worldathletics.org/athletes/hall-of-fame

ÍNDICE

acontecimiento, 4, 6, 9–10, 13–18, 25

Amateur Athletic Union (AAU), 16

Big Ten Championship, 20

campeonatos mundiales, 10, 27

carrera de velocidad, 9, 20, 23, 25–26

distancia, 14–15, 27

heptatlón, 18–19

intento, 27

maratón, 13

registro, 9–10, 12–13, 15–17, 20, 22–23, 25, 27

salto con pértiga, 10

salto de altura, 17, 25

salto de longitud, 4, 20–21, 25–27

valla, 17, 20, 25

CRÉDITOS POR LAS FOTOGRAFÍAS